Livre de coloriage
Insectes

Young Scholar

Young Scholar
An imprint of Ciparum LLC

Livre de coloriage Insectes
© 2017 Ciparum LLC
All rights reserved.
ISBN-10:1-63589-256-2
ISBN-13:978-1-63589-256-7

www.youngscholar.co

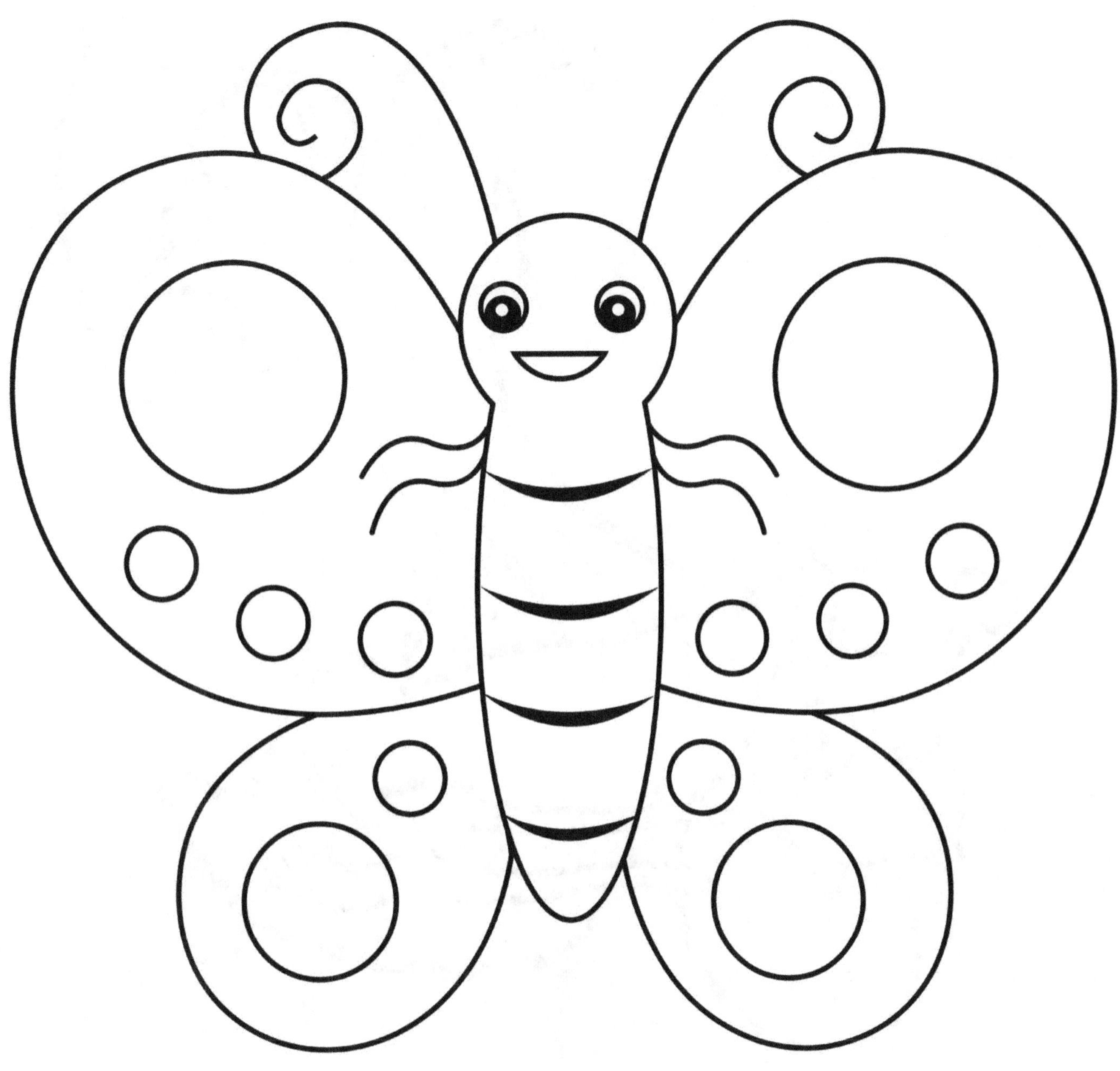

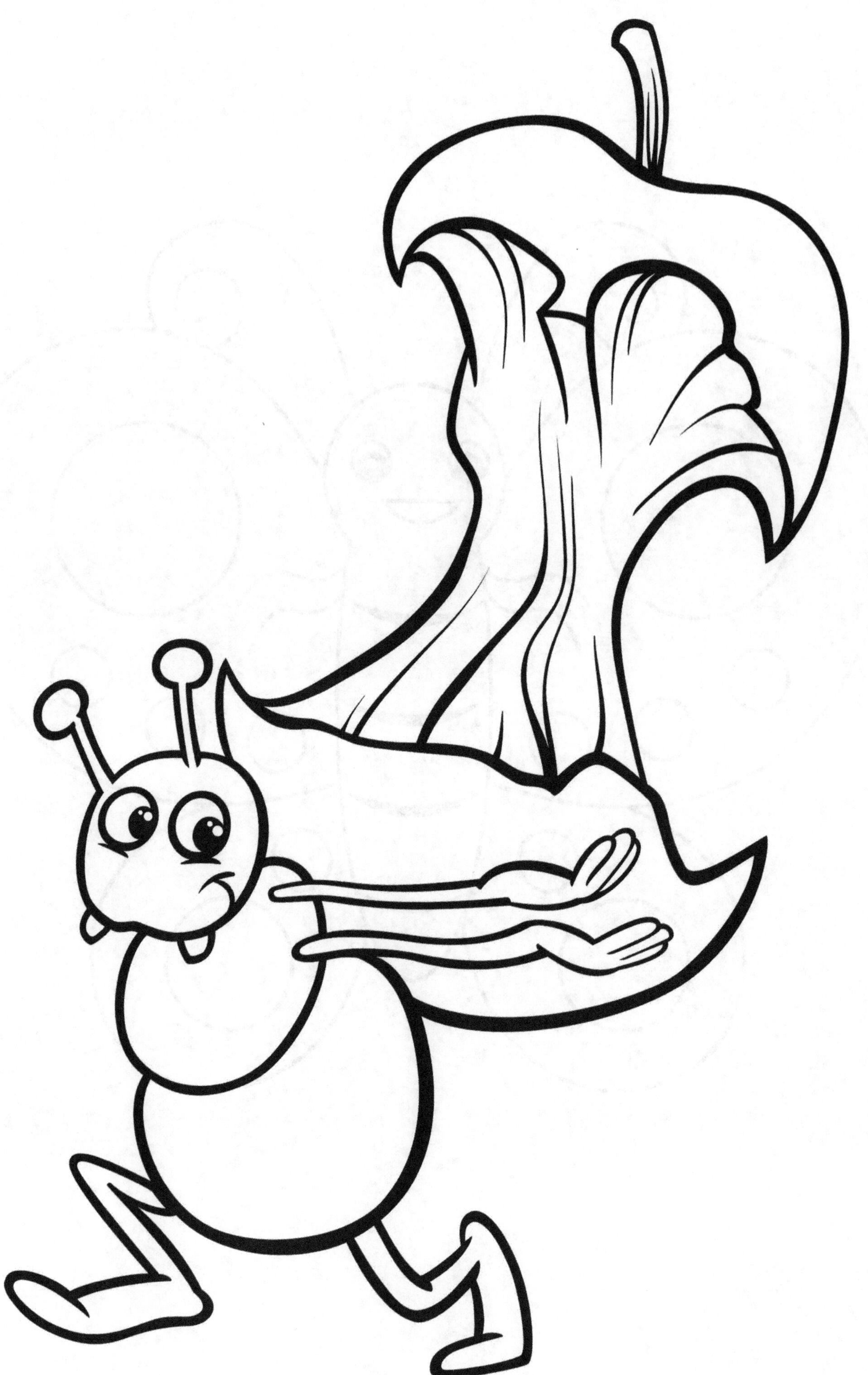

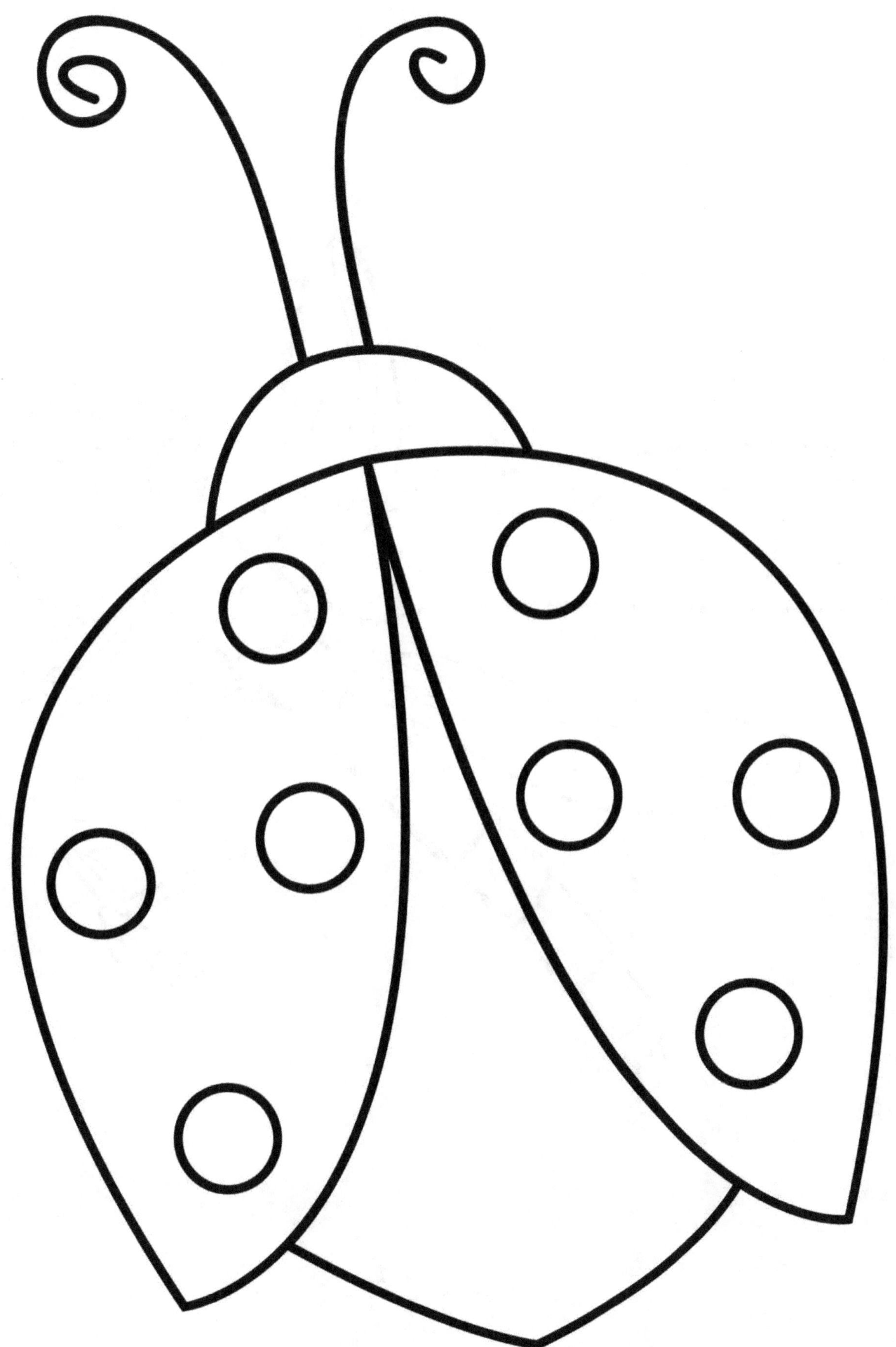

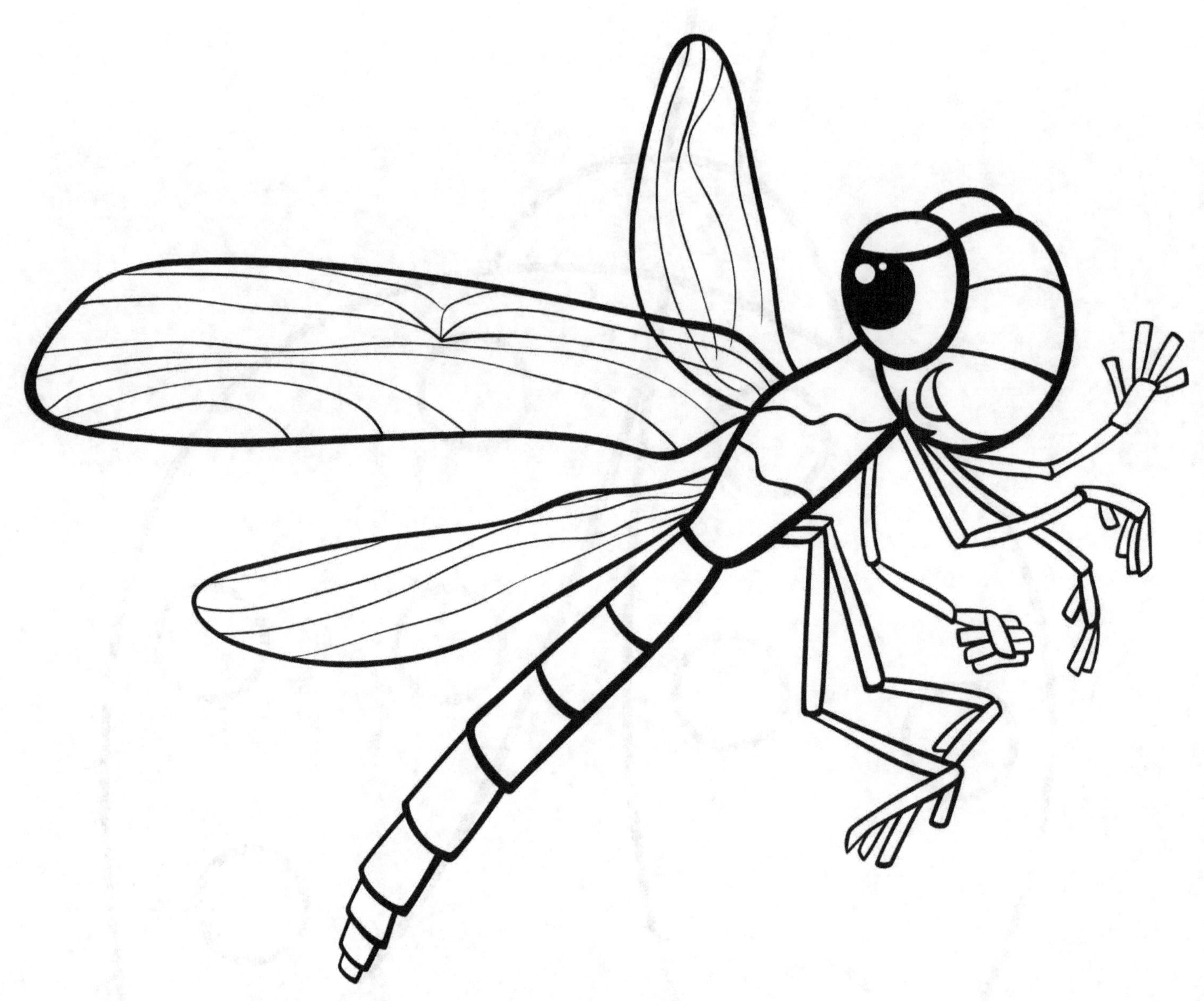

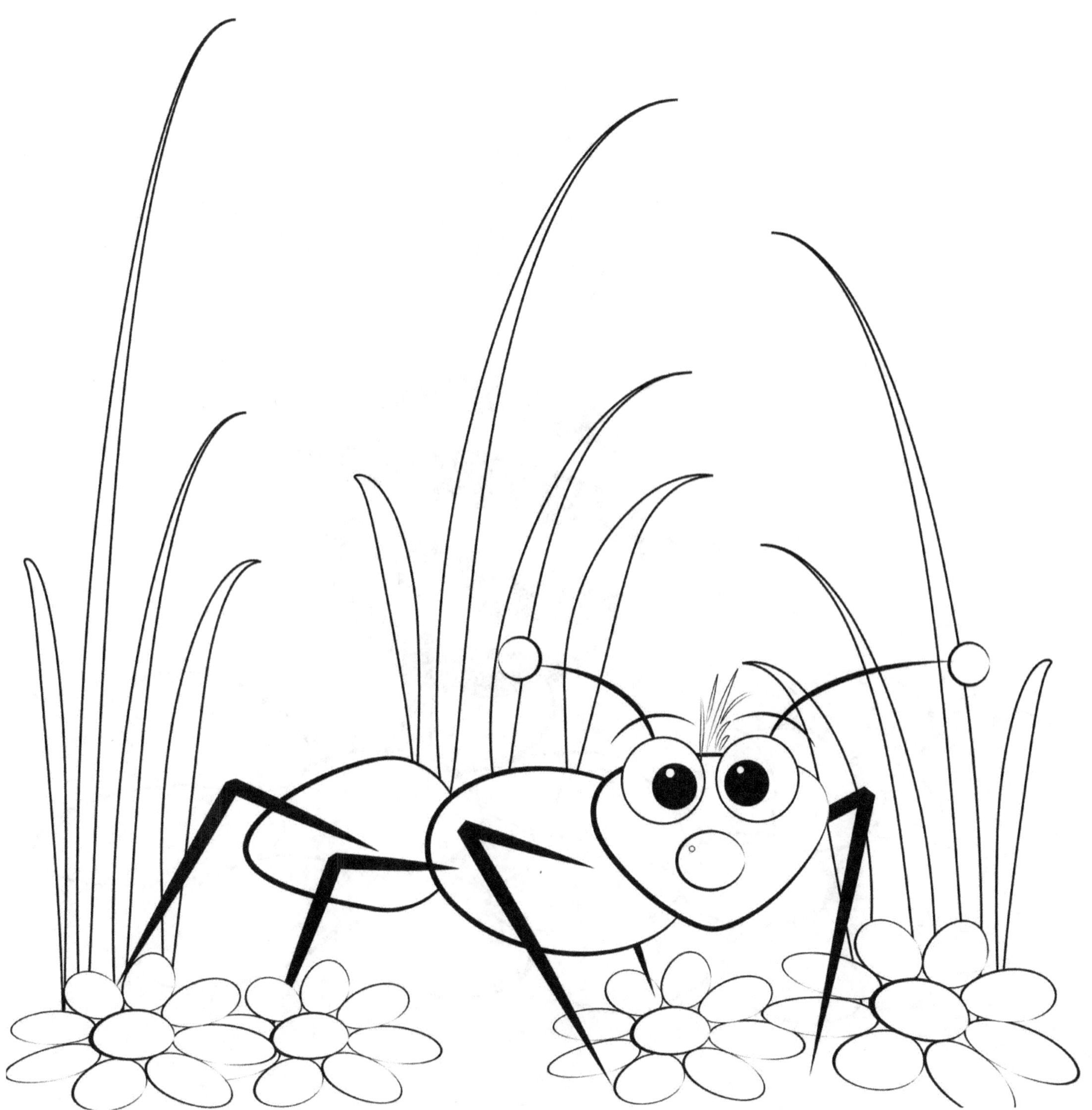

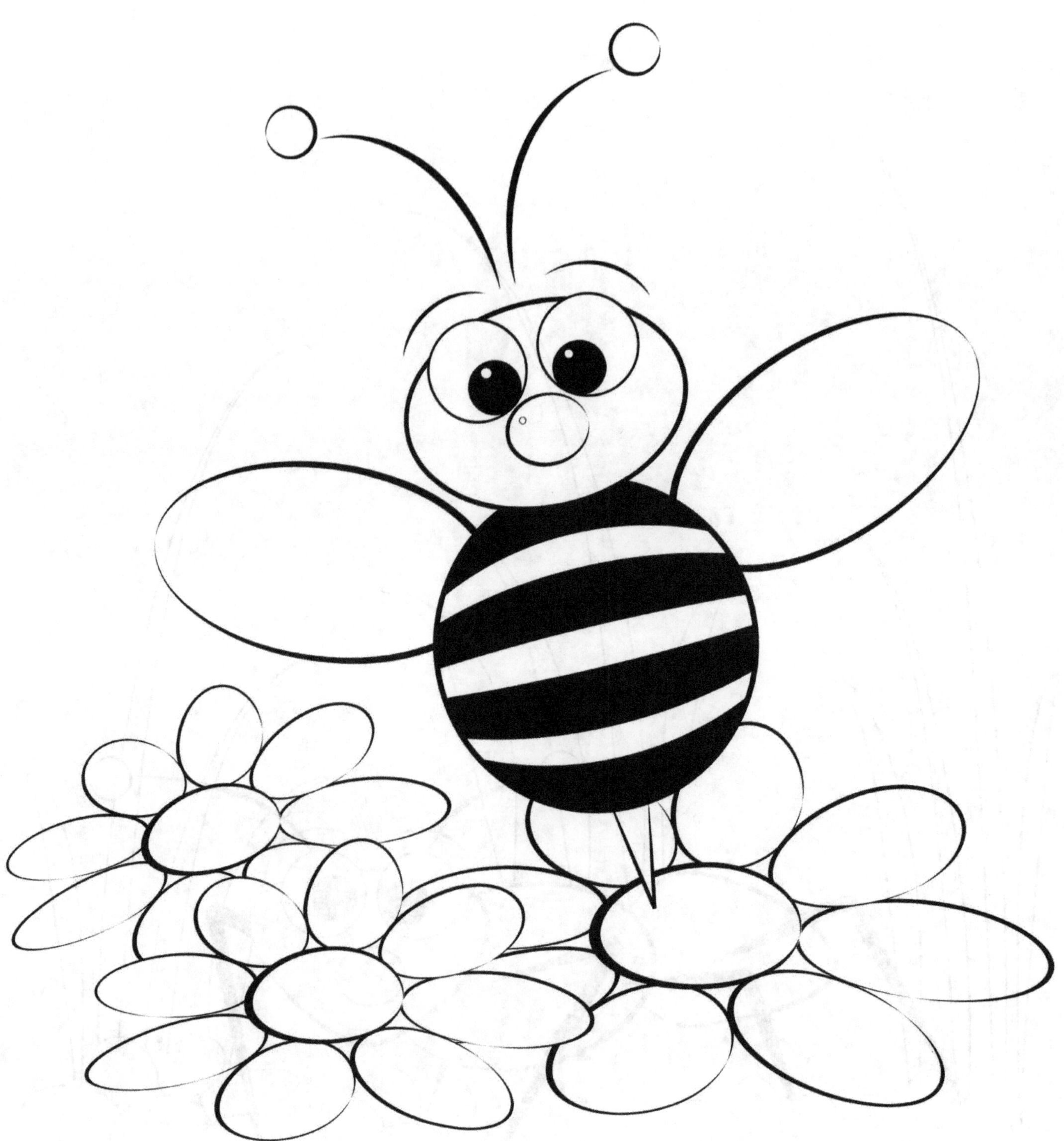

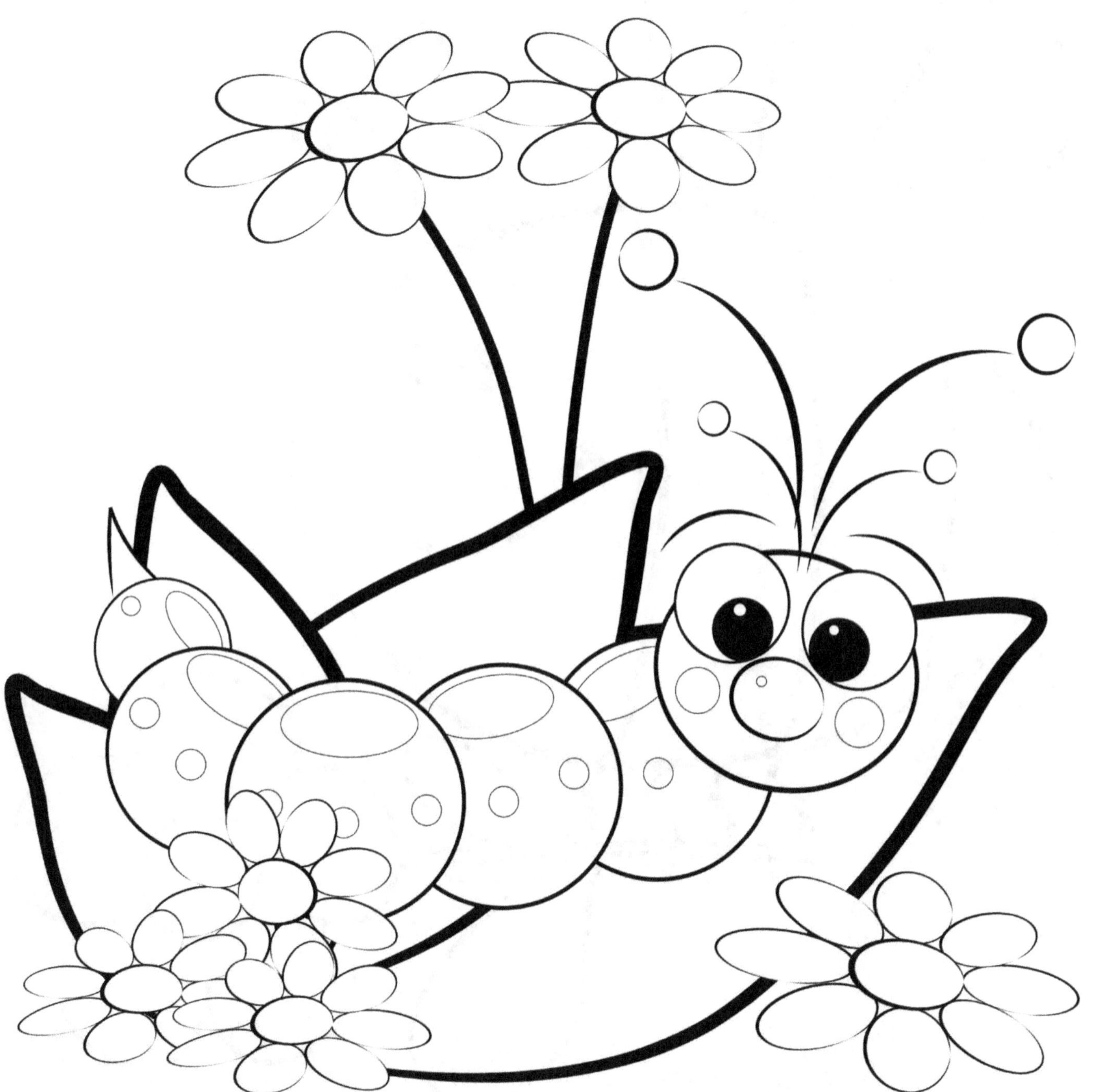

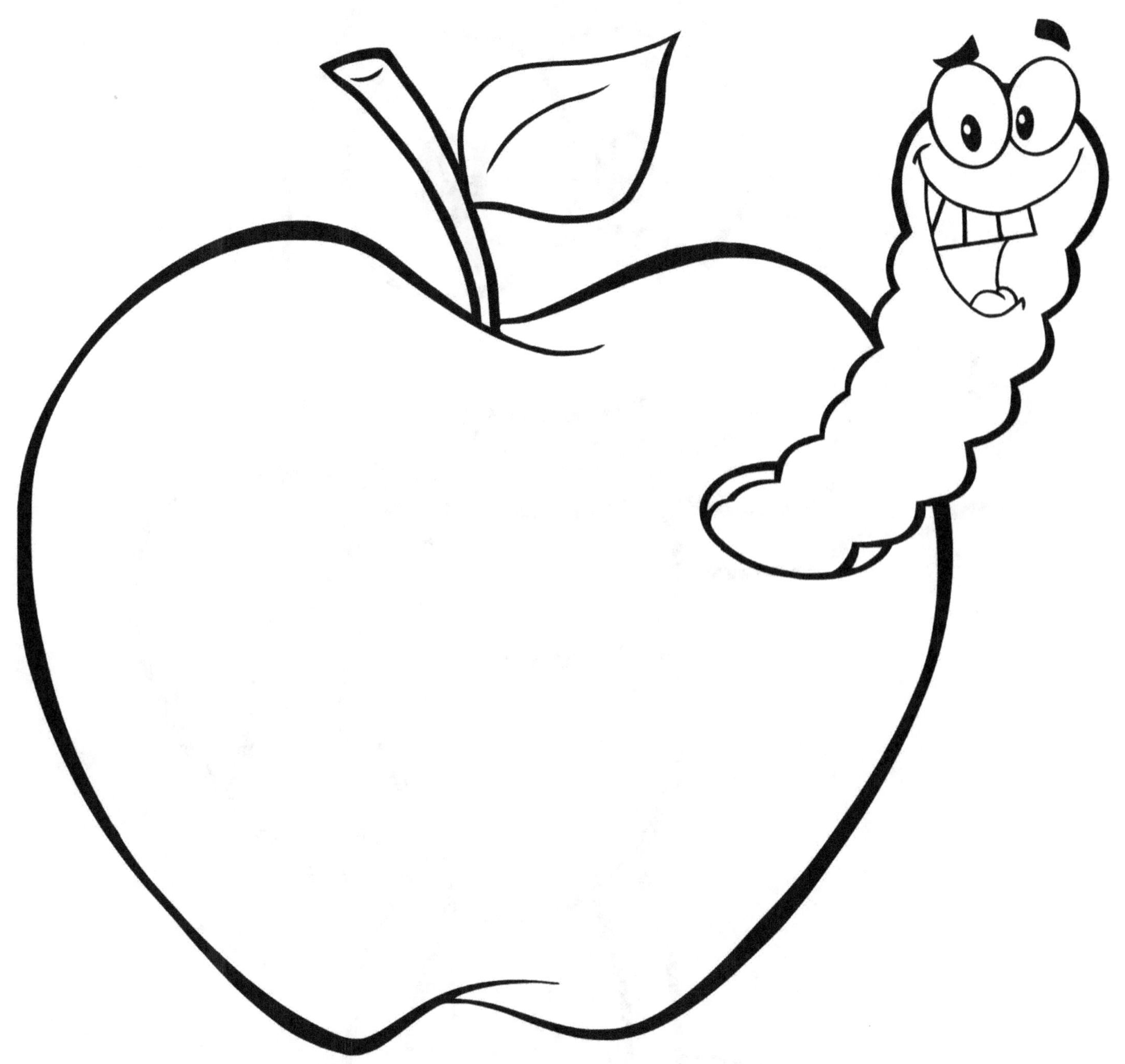

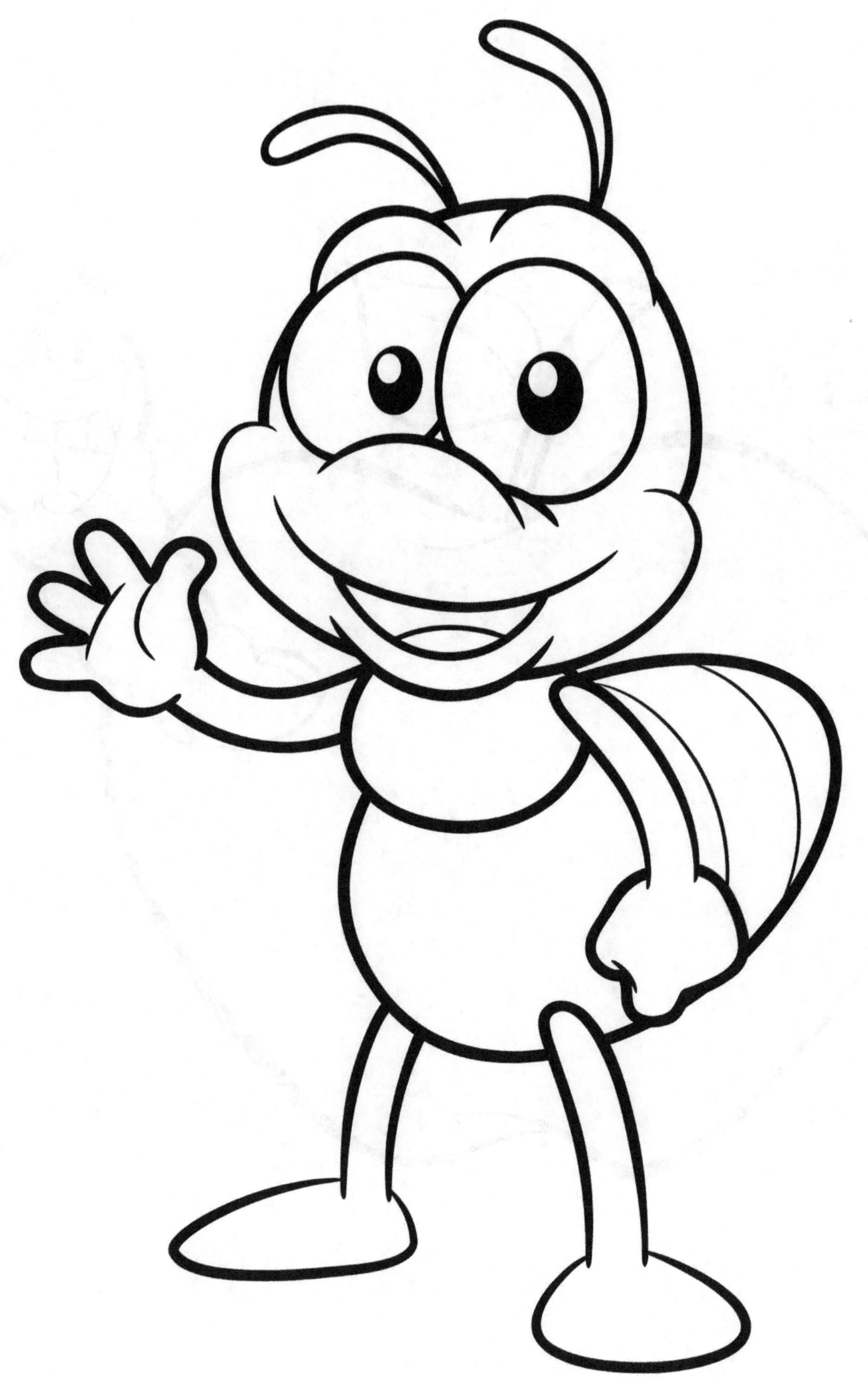

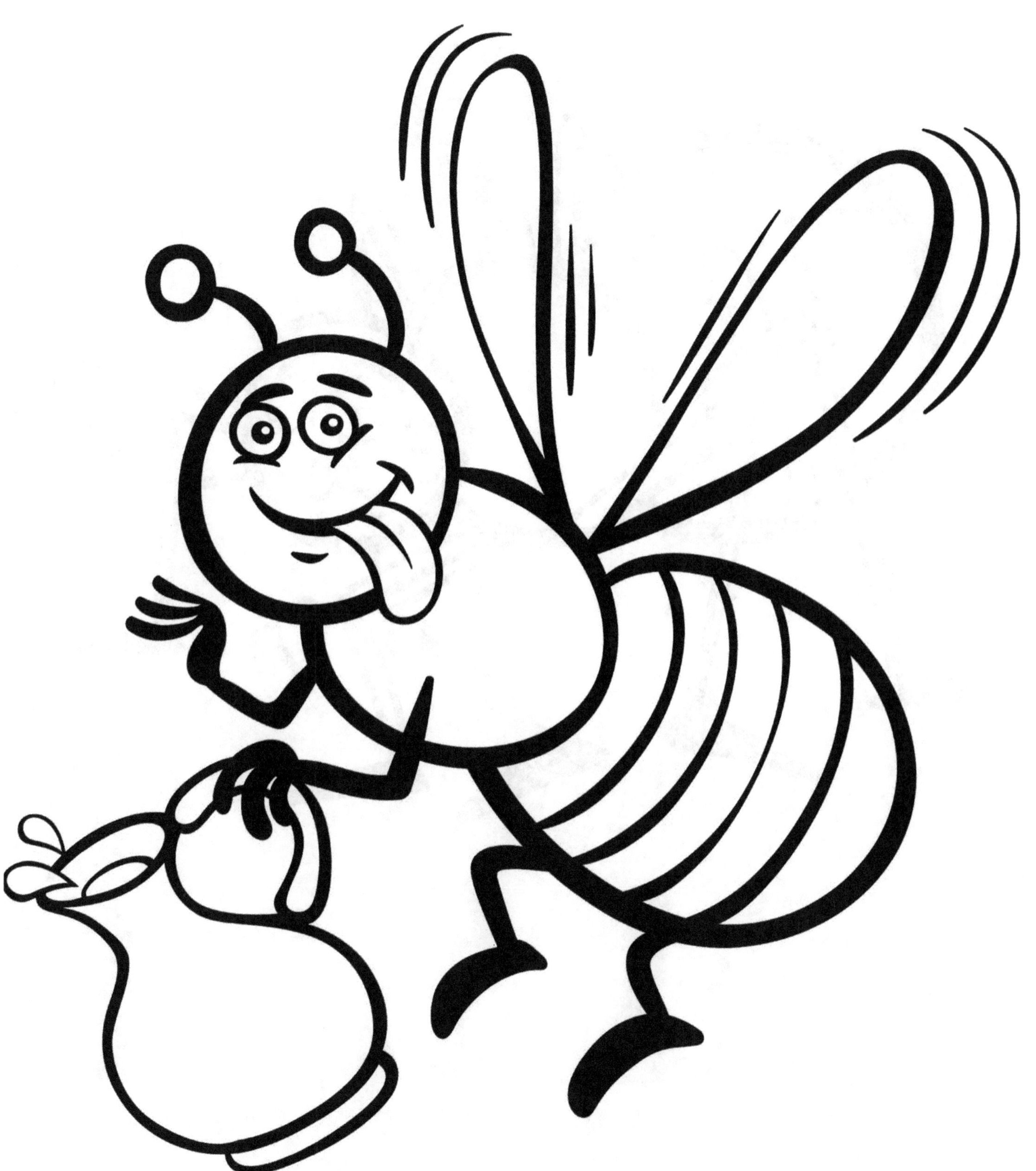

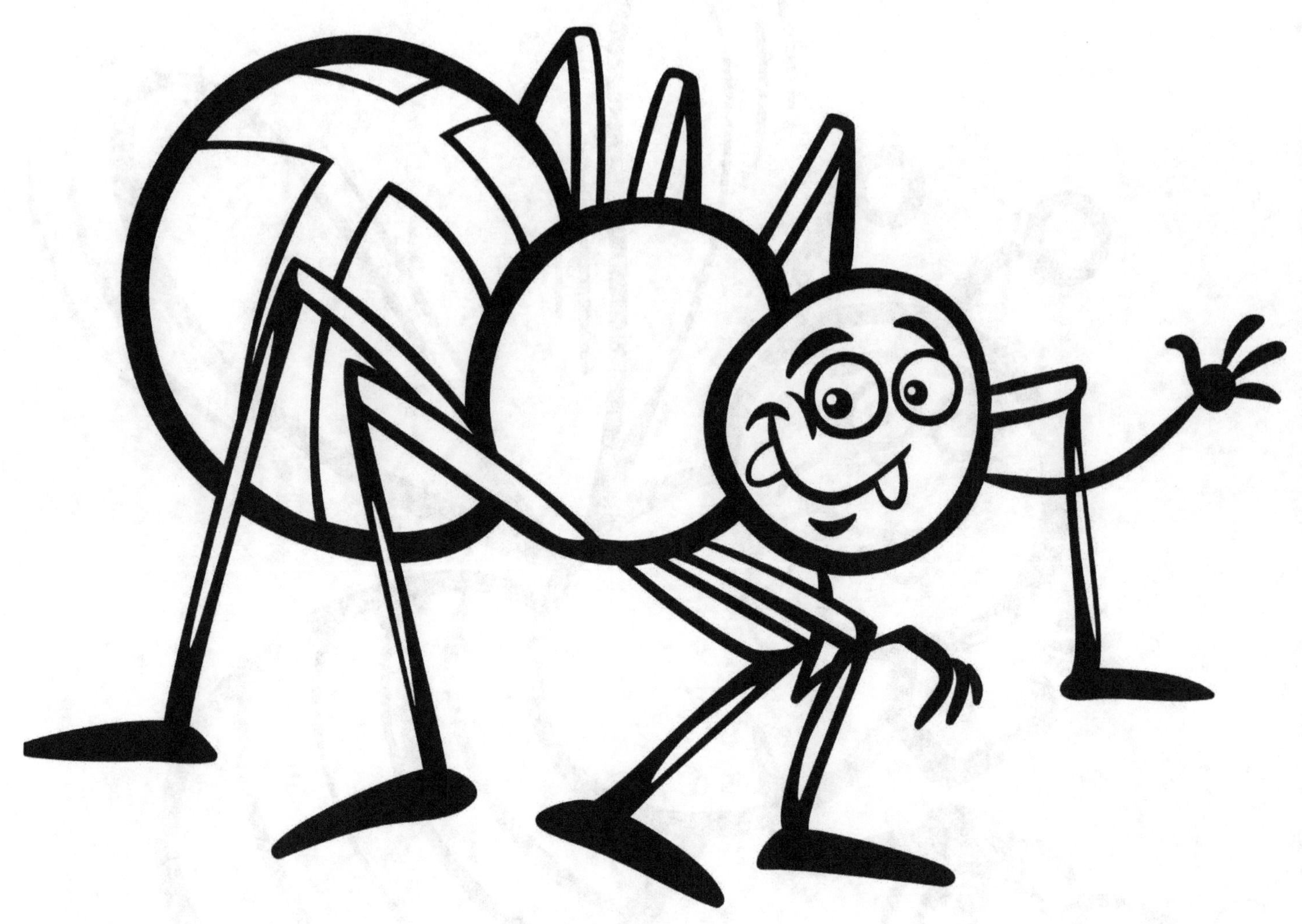

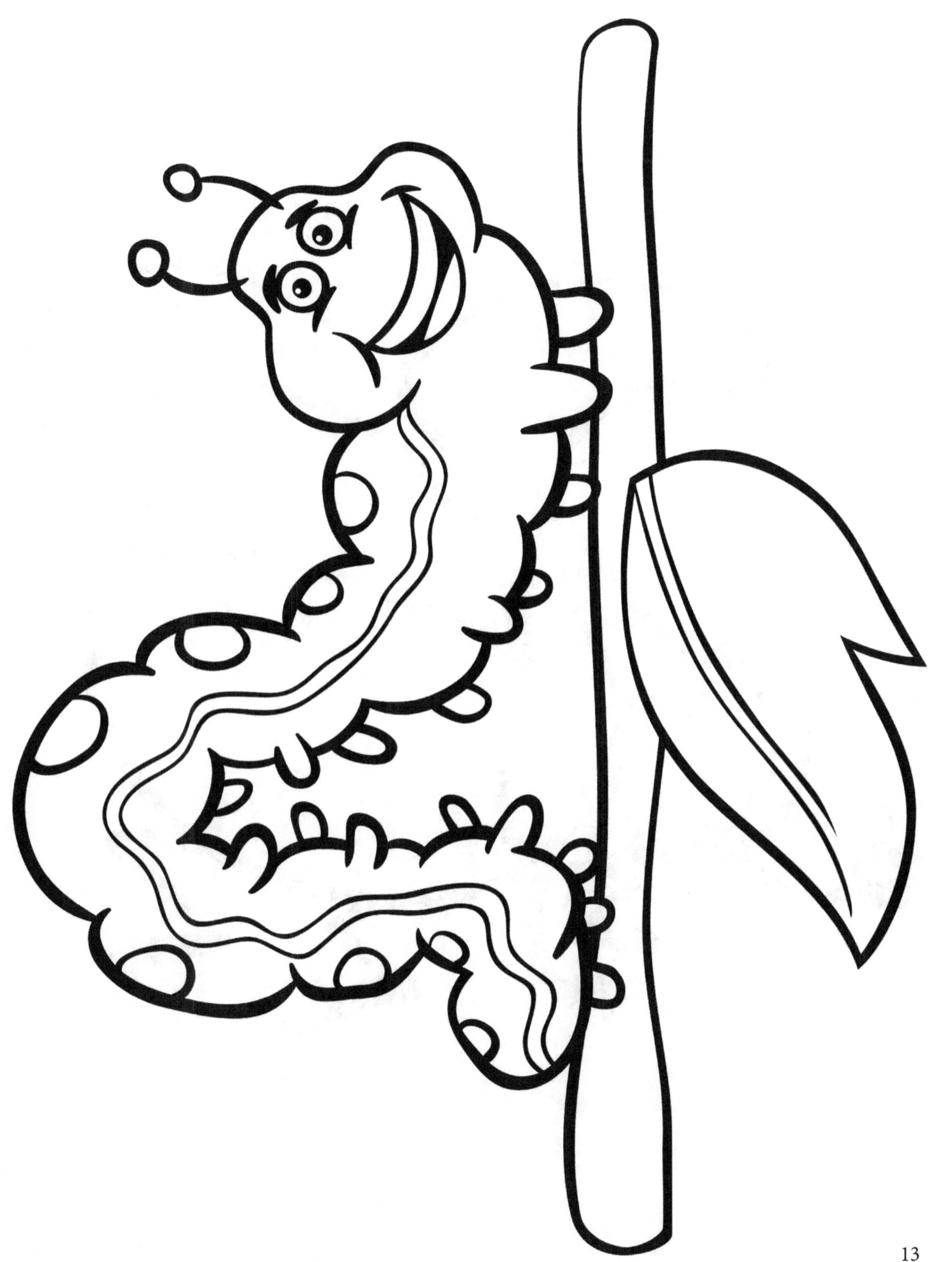

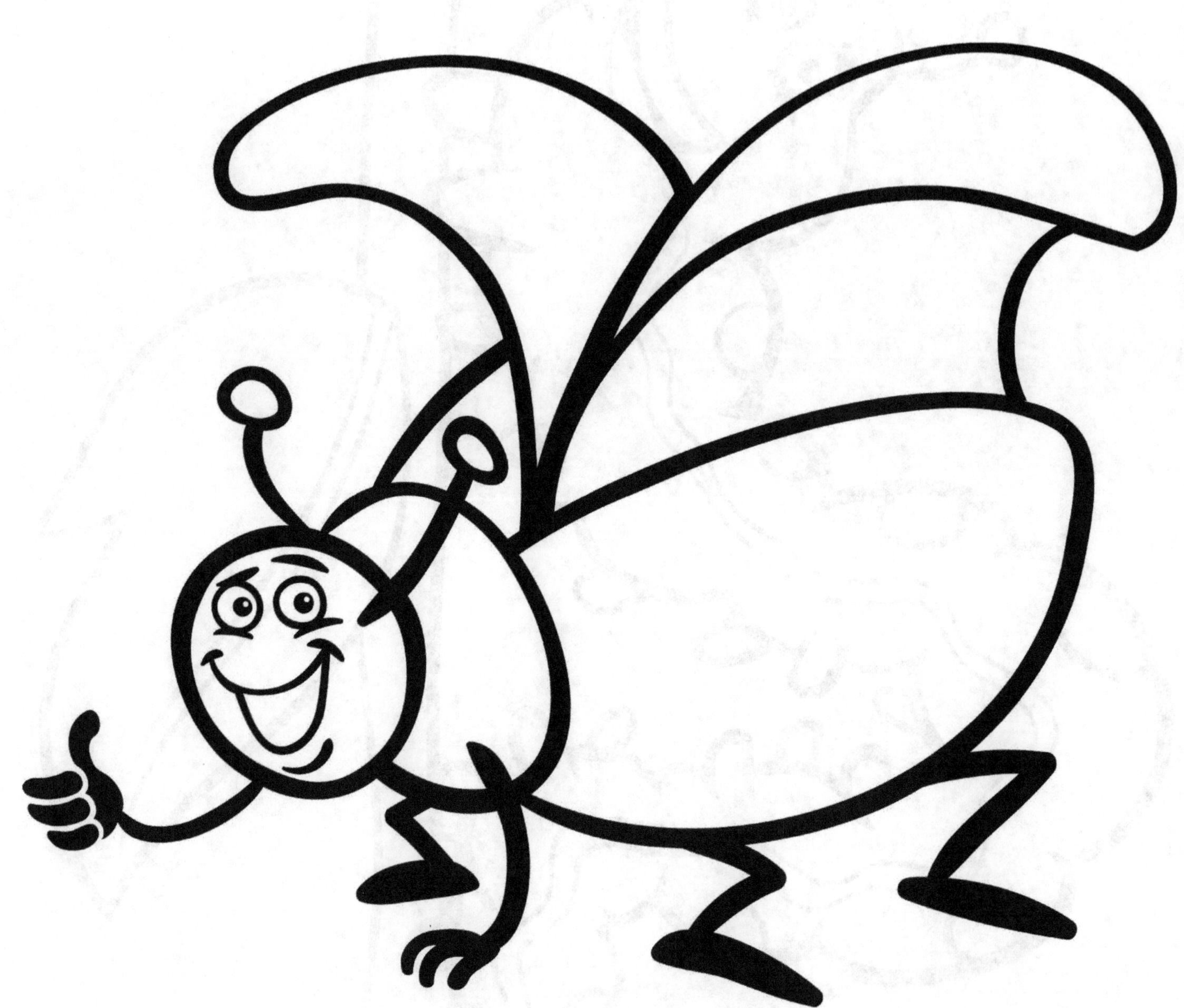

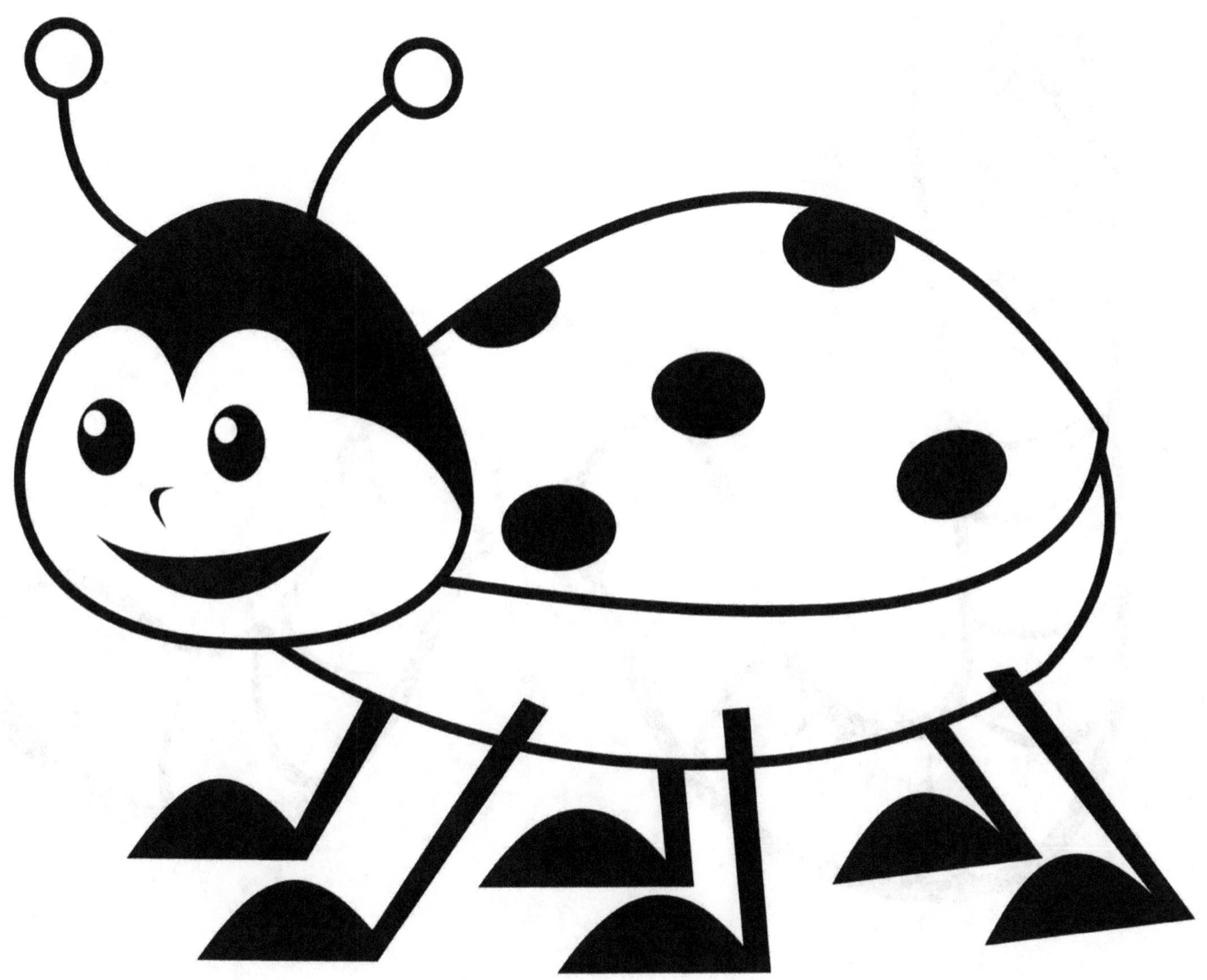

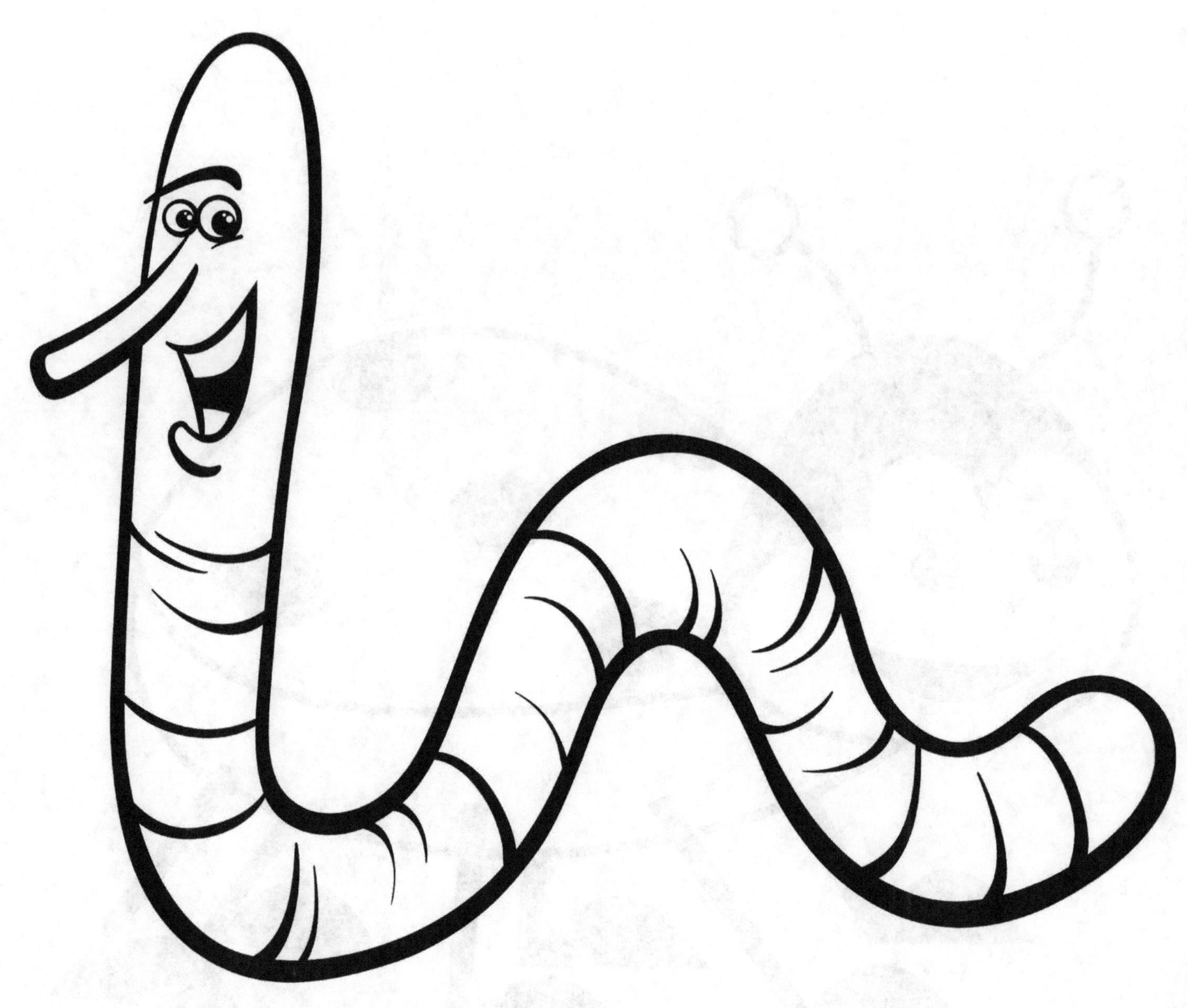

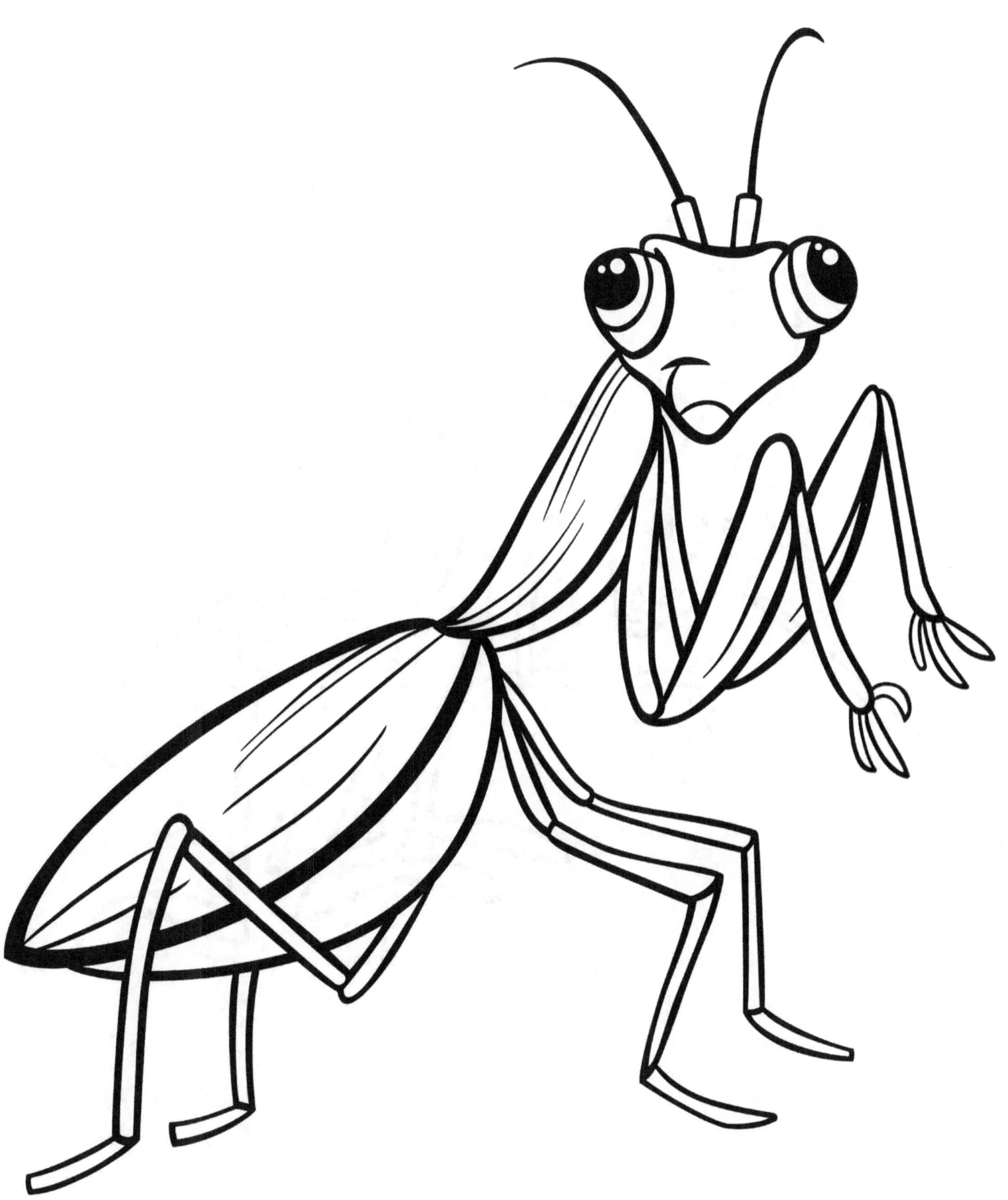

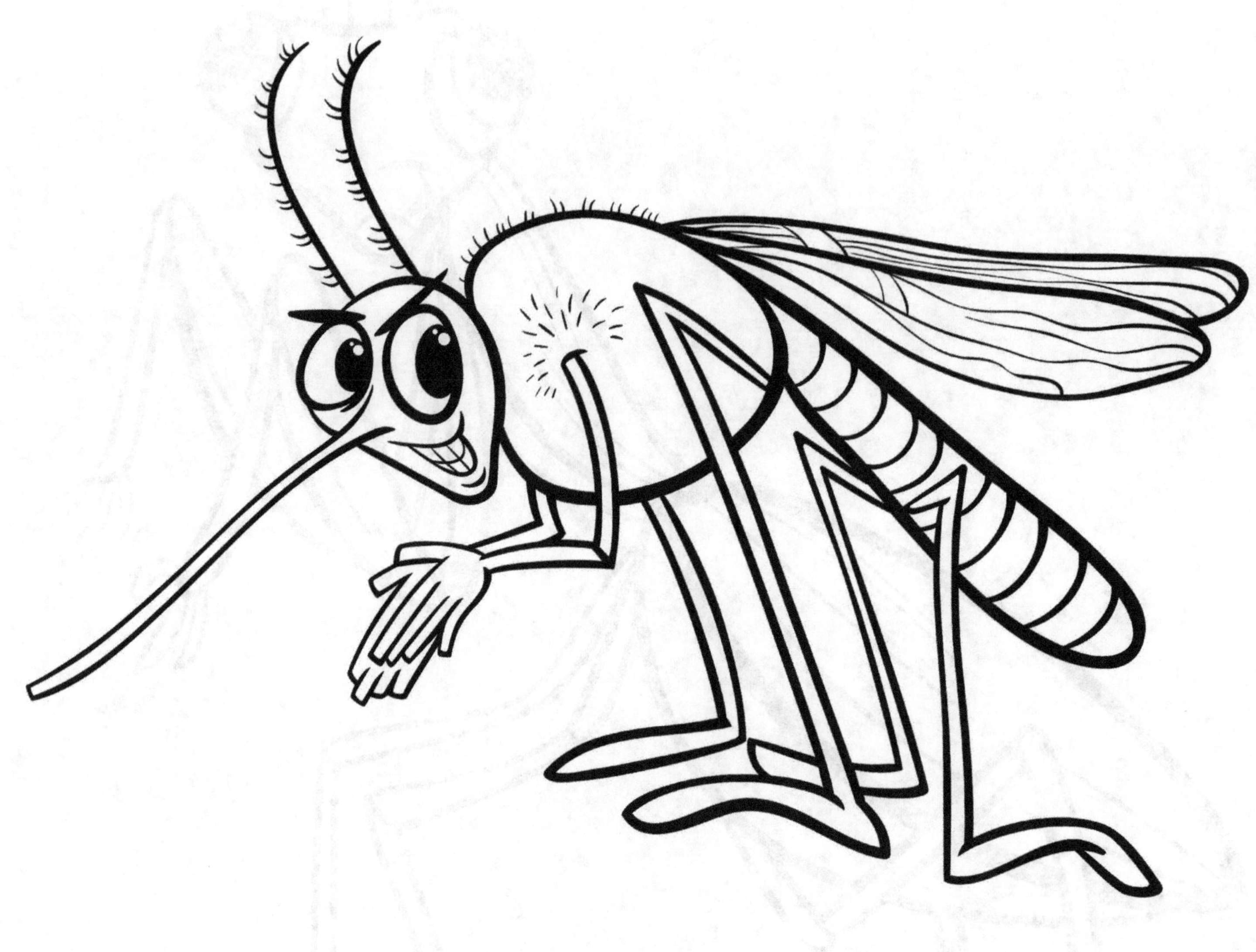

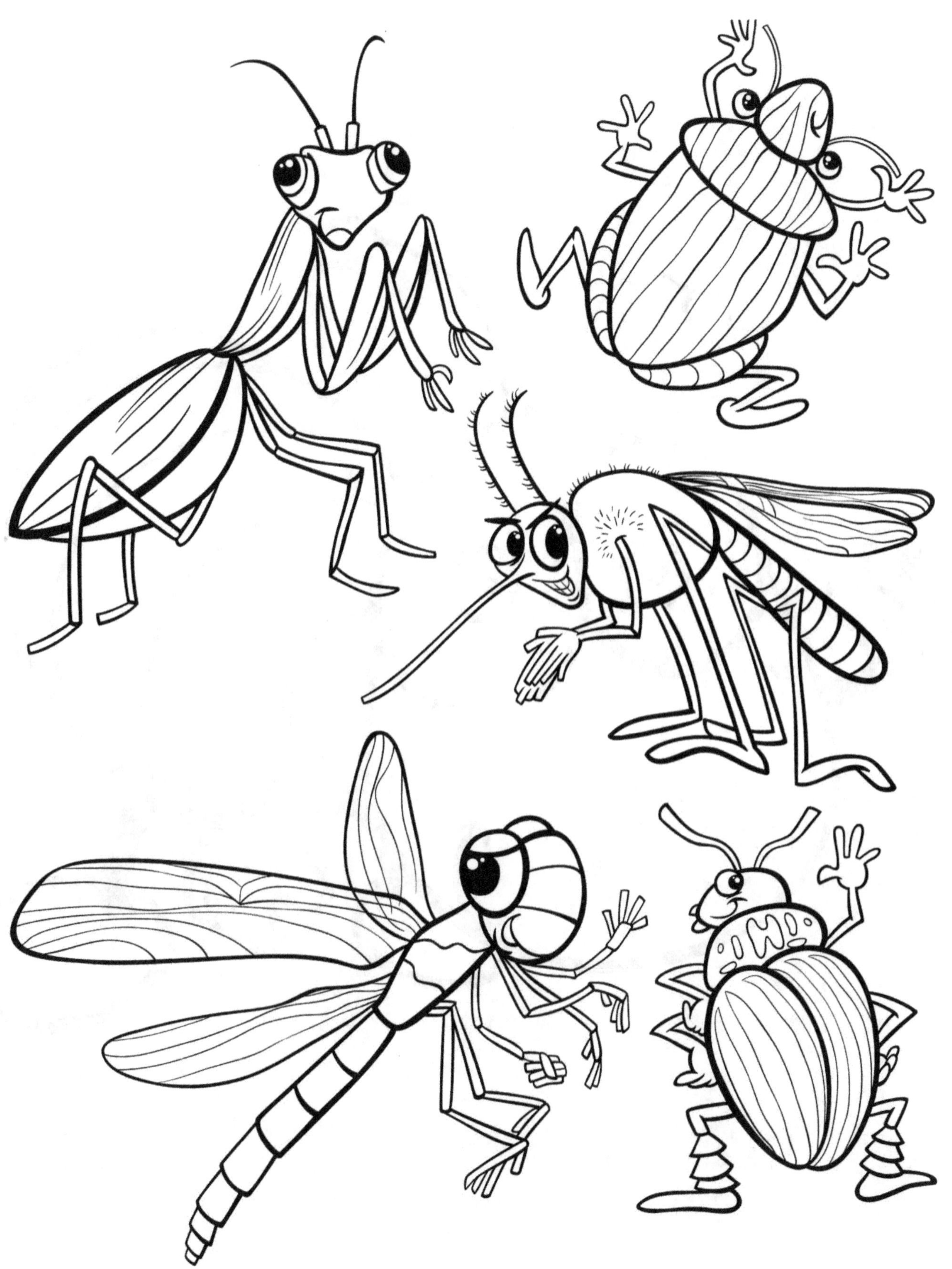

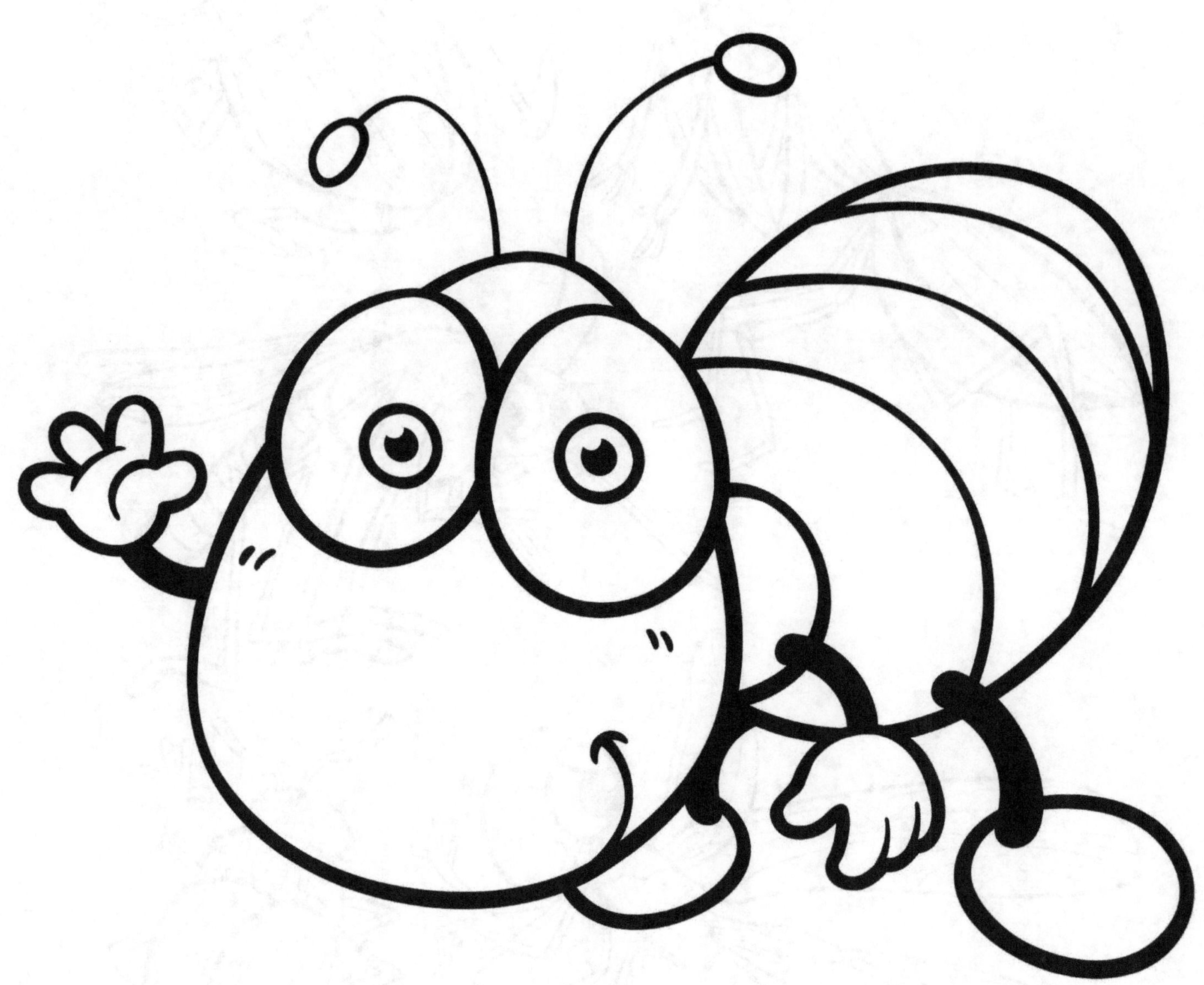

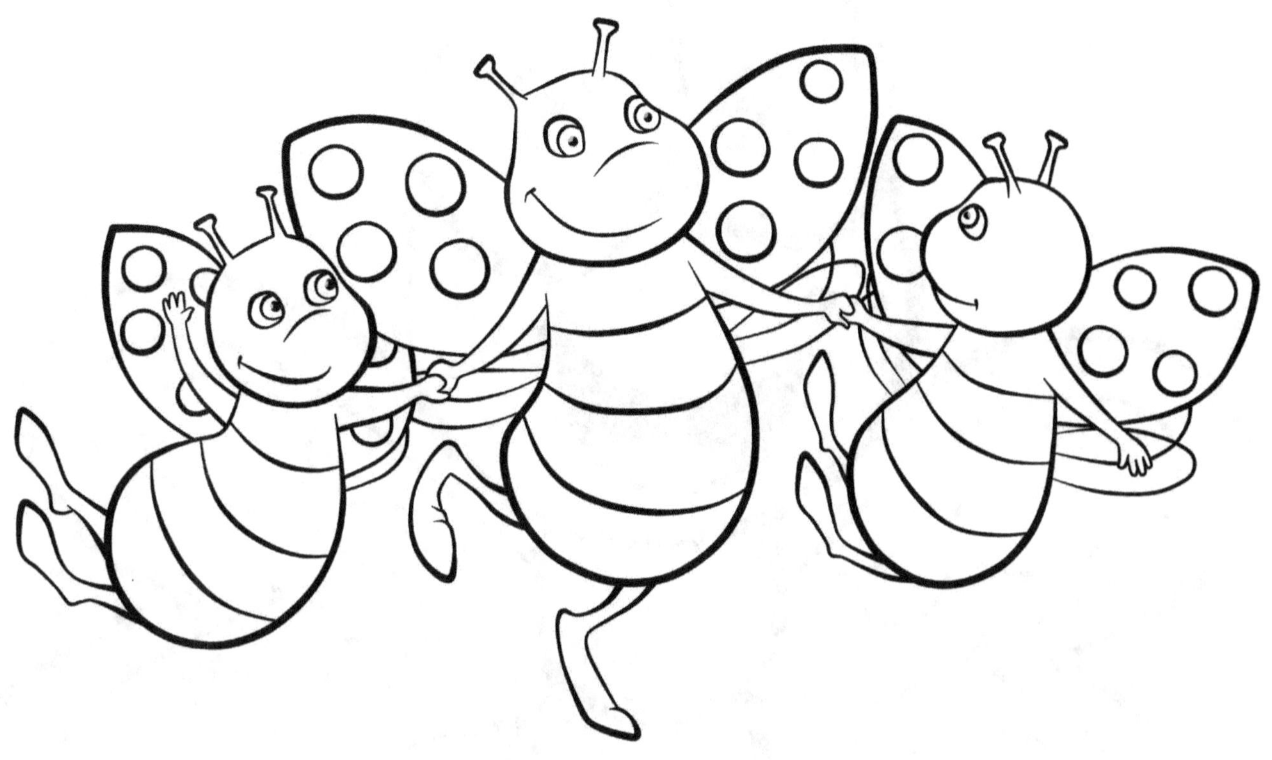

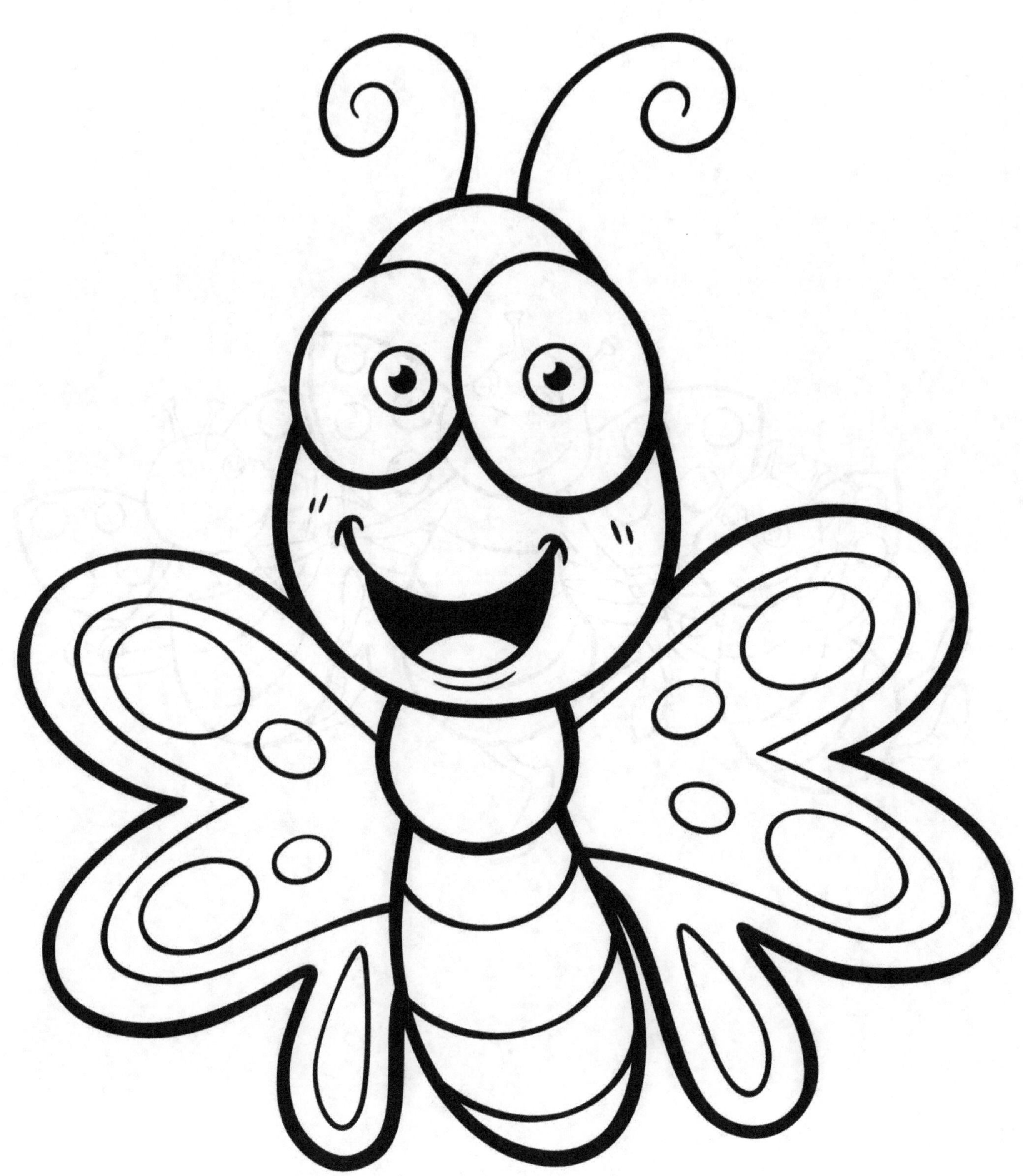

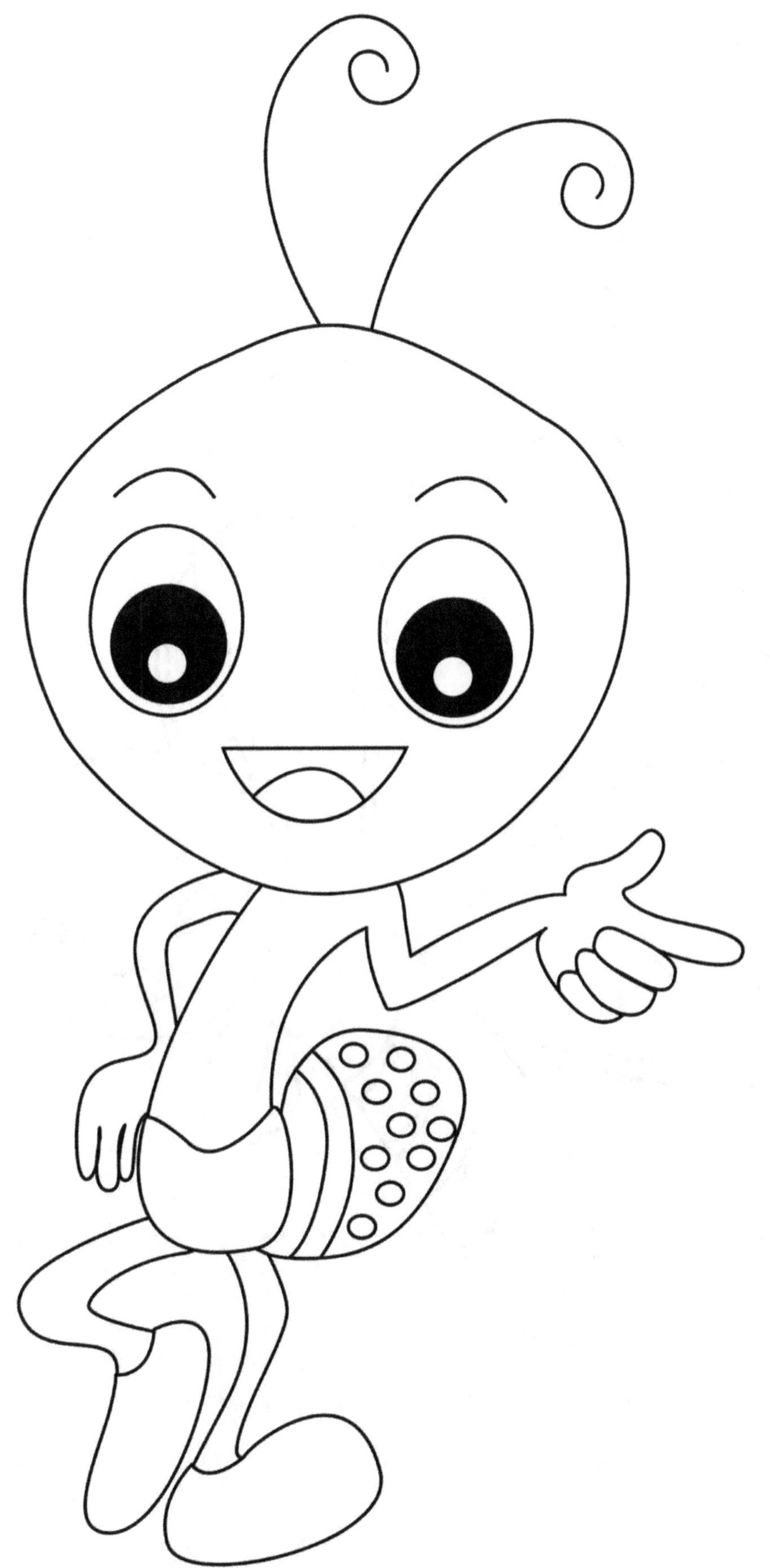

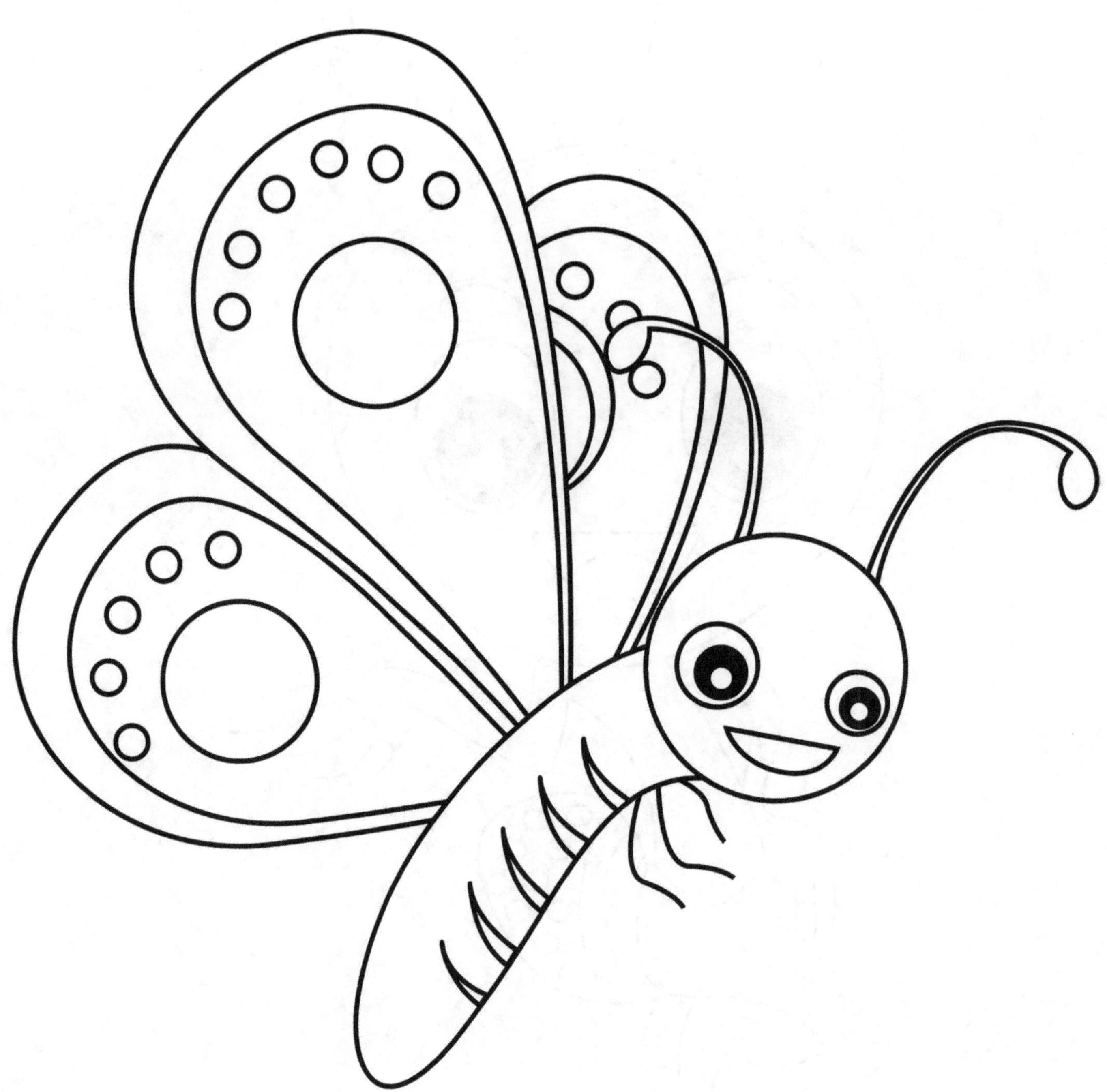

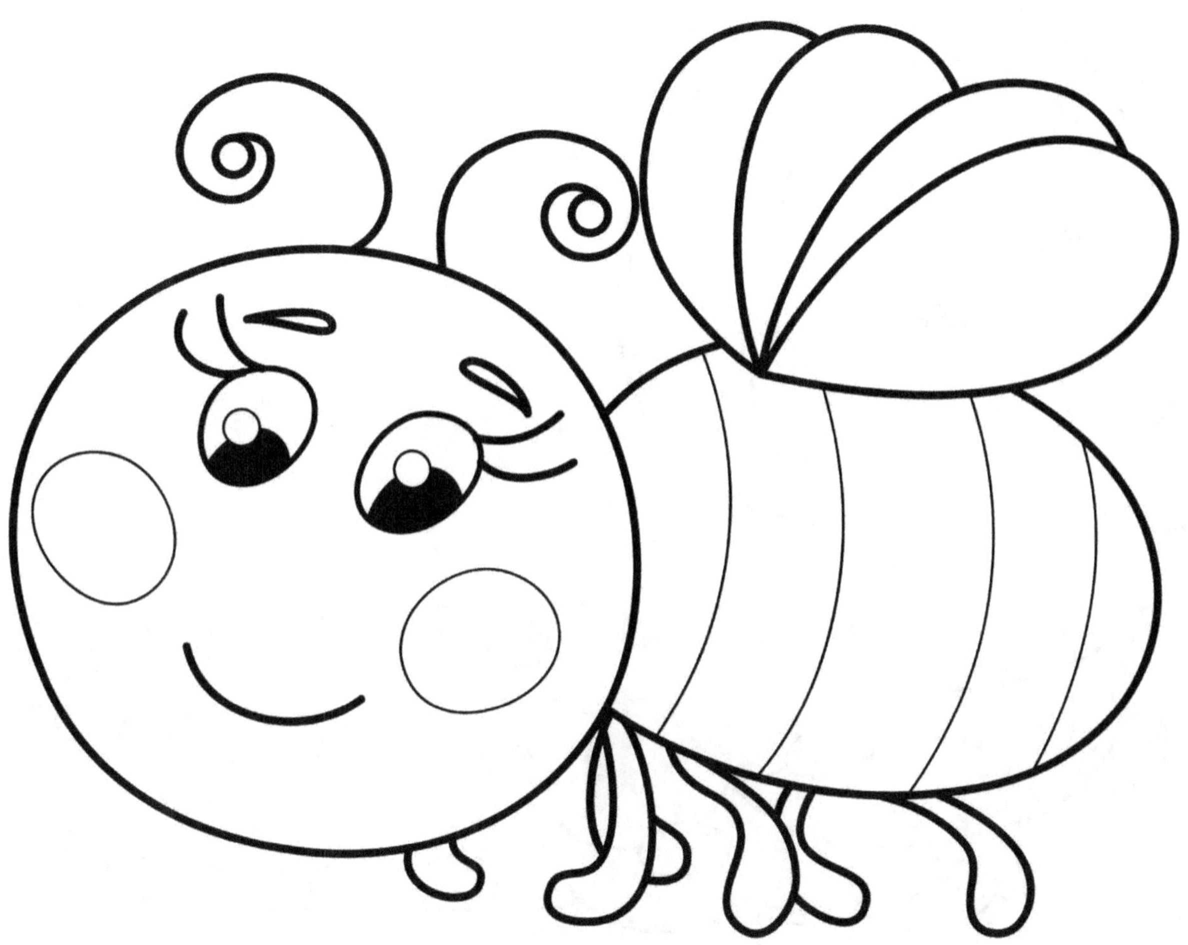

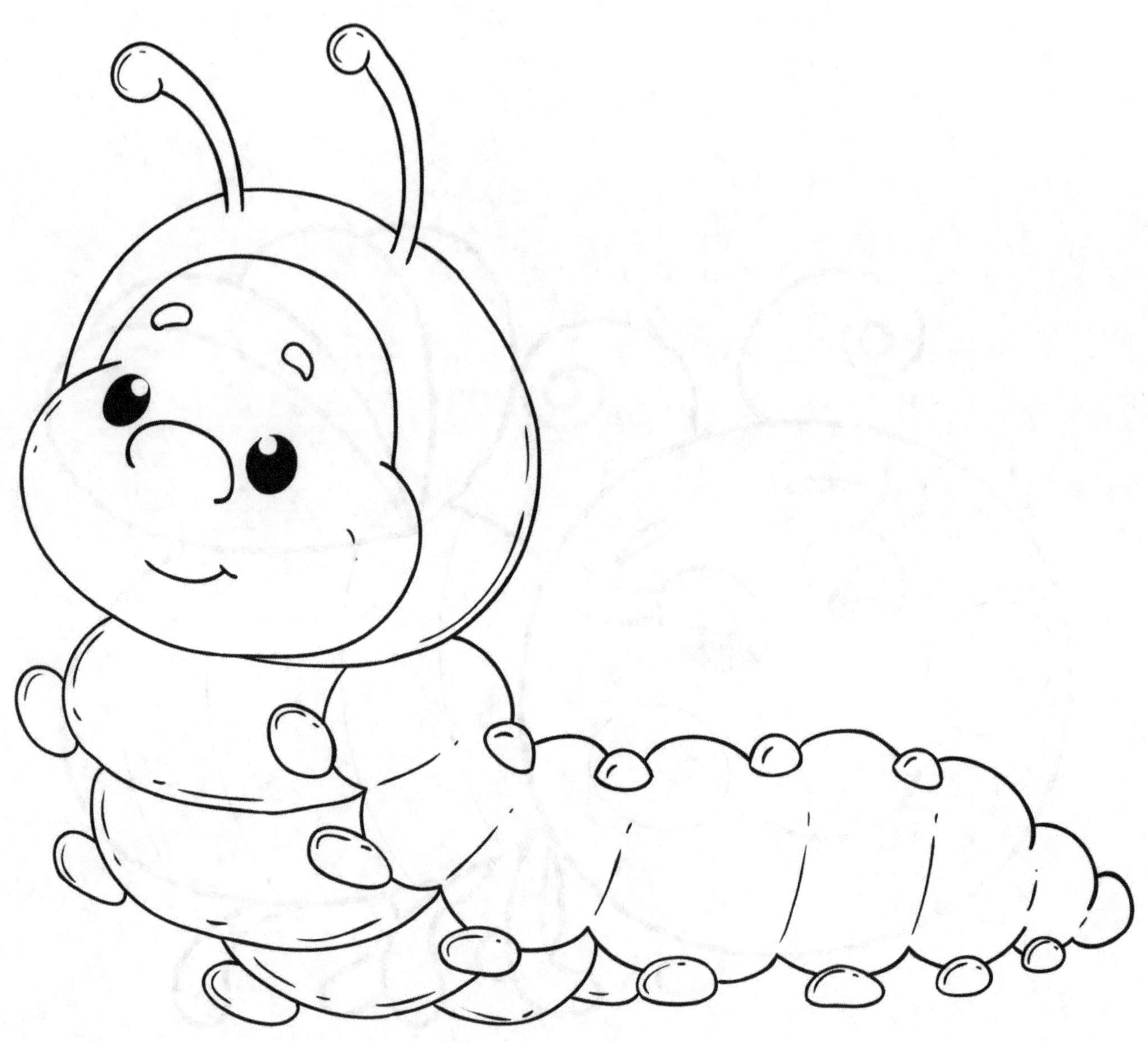

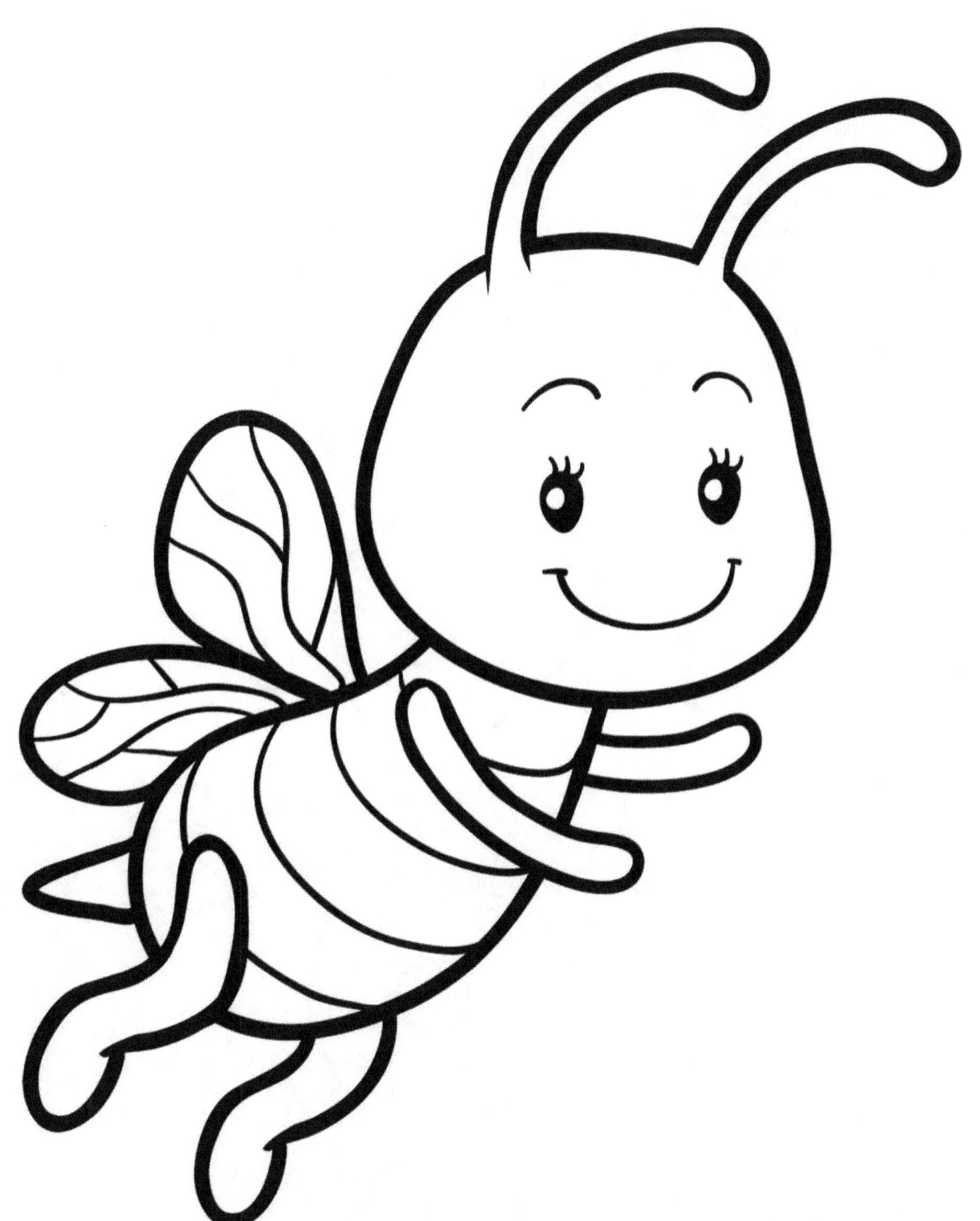

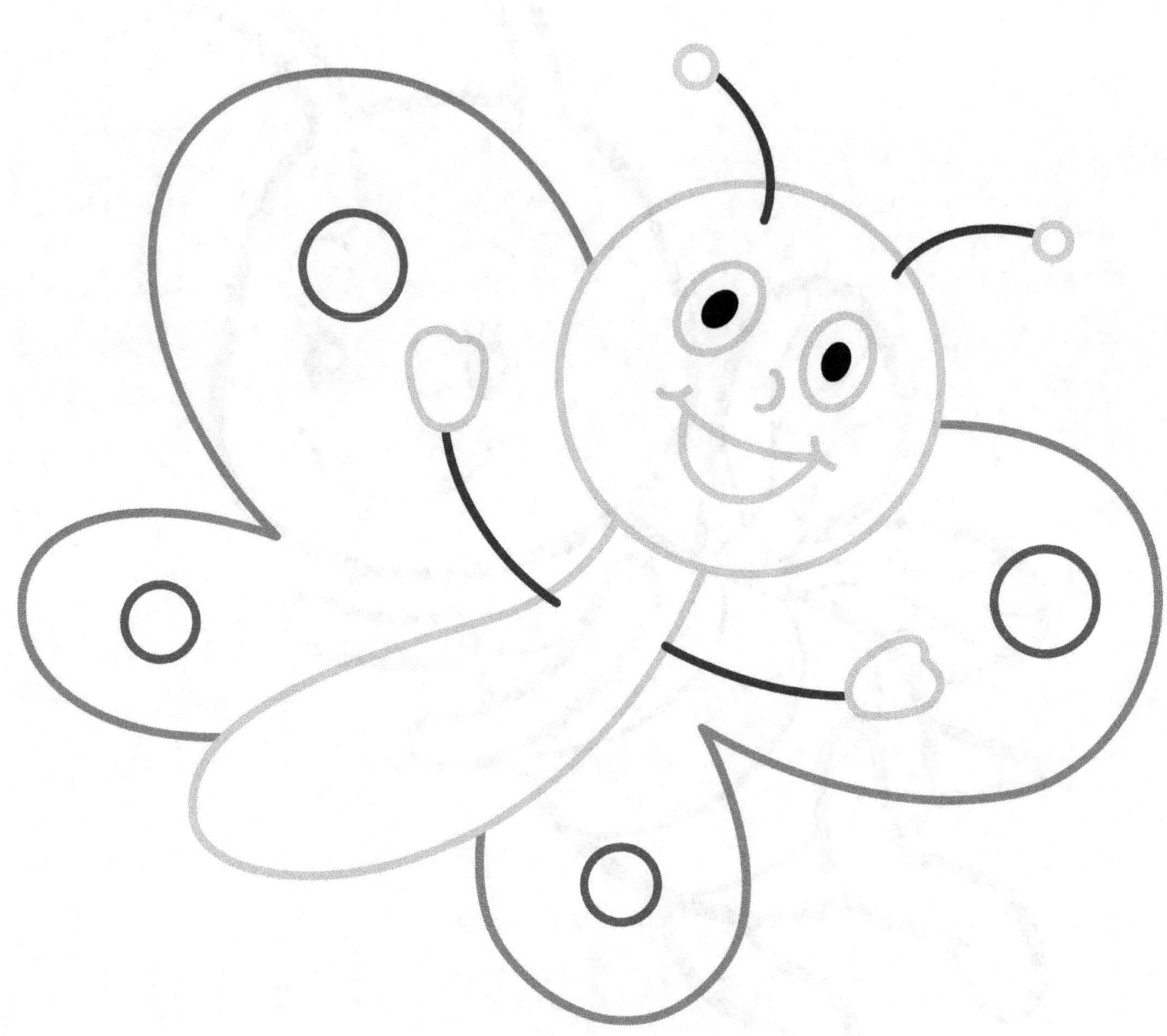

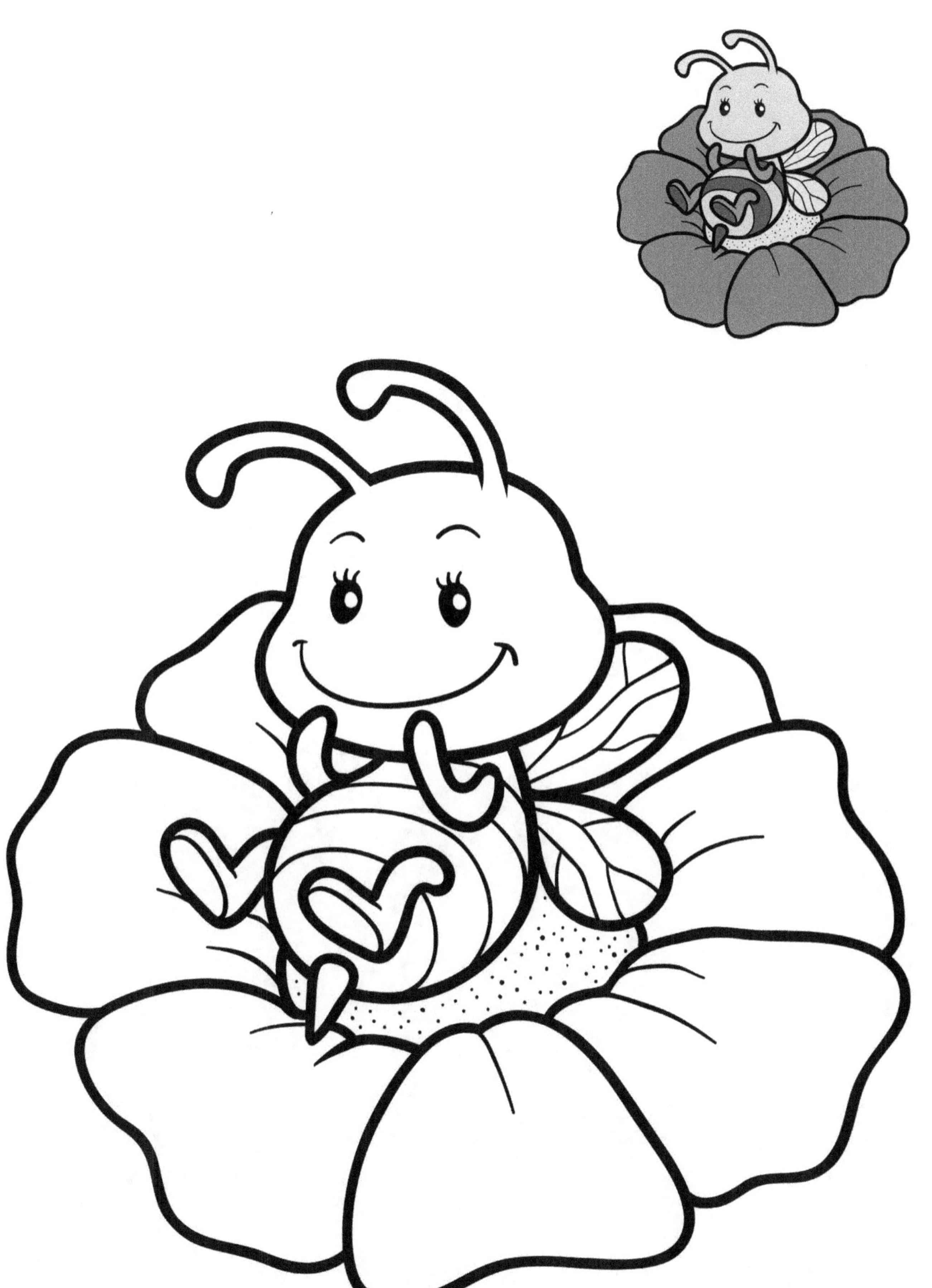